Il y a longtemps, très longtemps,
les gens étaient devenus mauvais,
vilains, avares et mesquins.
Ils détruisaient l'univers.

Alors Dieu se met en colère et déclare :
«Il faut nettoyer tout cela! Faisons-les disparaître!»

1

Deux par deux

Barbara Reid

Texte français de
Christiane Duchesne

Scholastic Canada Ltd.

À ma famille
et le H.M.

Photographie de Ian Crysler

Édition publiée par Scholastic Canada Ltd., 123, Newkirk Road, Richmond Hill (Ontario) Canada L4C 3G5.

6 5 4 3 2 1   Imprimé à Hong-Kong   2 3 4 5 6 7/9

Données de catalogage avant publication (Canada)

Reid, Barbara, 1957-
    Deux par deux

Traduction de: Two by two.
ISBN 0-590-73658-2

1. Arche de Noé - Poésie pour la jeunesse.
2. Récits bibliques français - A.T. Genèse.
I. Titre.

BS658.R414 1992   j222'.1109505   C92-093495-1

Mais, Dieu ne veut quand même pas tout détruire.
Il a besoin de quelqu'un de brave et courageux.

«*Noé!* Tu es aussi bon qu'aimable.
Aussi je vais te livrer mon plan.»

Noé se met donc à l'oeuvre. Il construit une arche
avec du bois de pin, des cordages et de l'écorce.

Il la fait haute, large et vaste
pour abriter un couple de chaque espèce.

Madame Noé récolte des semences d'arbres, de fleurs et d'herbes.

Leurs trois fils apportent la nourriture pour chacun. Leurs femmes voient à ce que rien ne manque.

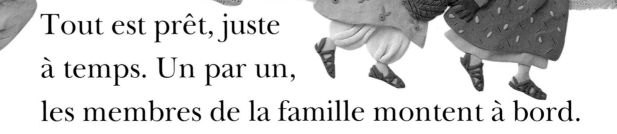

Tout est prêt, juste
à temps. Un par un,
les membres de la famille montent à bord.

7

Puis, deux par deux, viennent les animaux. Les grenouilles sautent par-dessus le kangourou.

Et trois par trois en viennent d'autres.

Les puces voyagent à dos de chimpanzés.

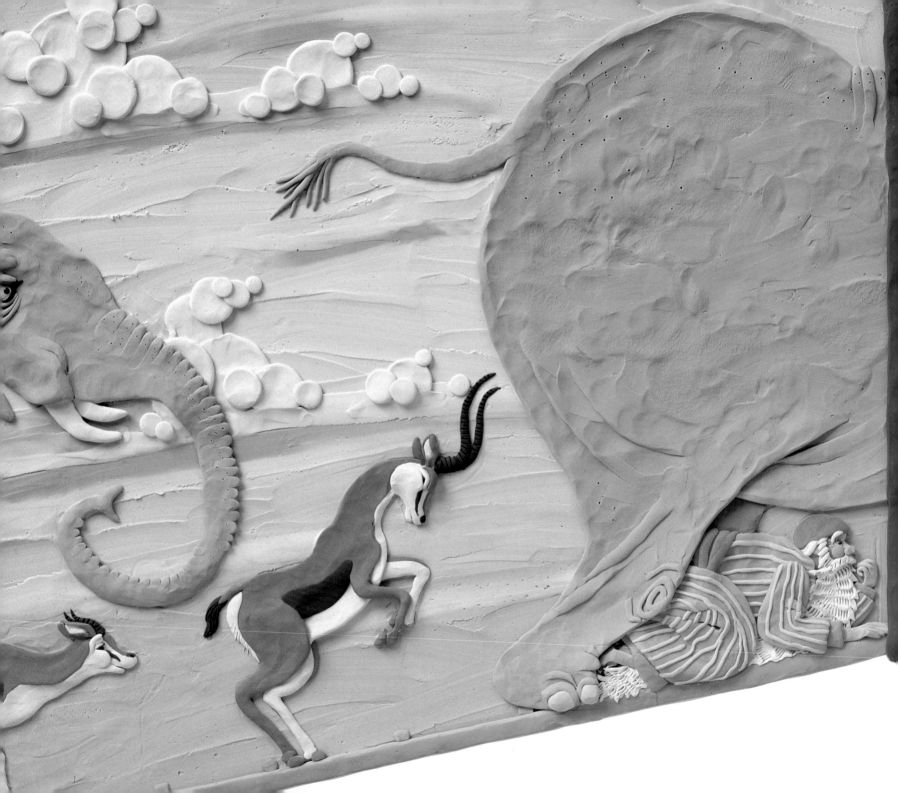

Ils entrent ensuite quatre par quatre,
en se bousculant pour passer.

Puis ils viennent
cinq à la fois.
L'arche bourdonne
comme une ruche.

Par bandes de six, ils entrent toujours.

Pandas et pingouins, comme s'ils étaient cousins.

13

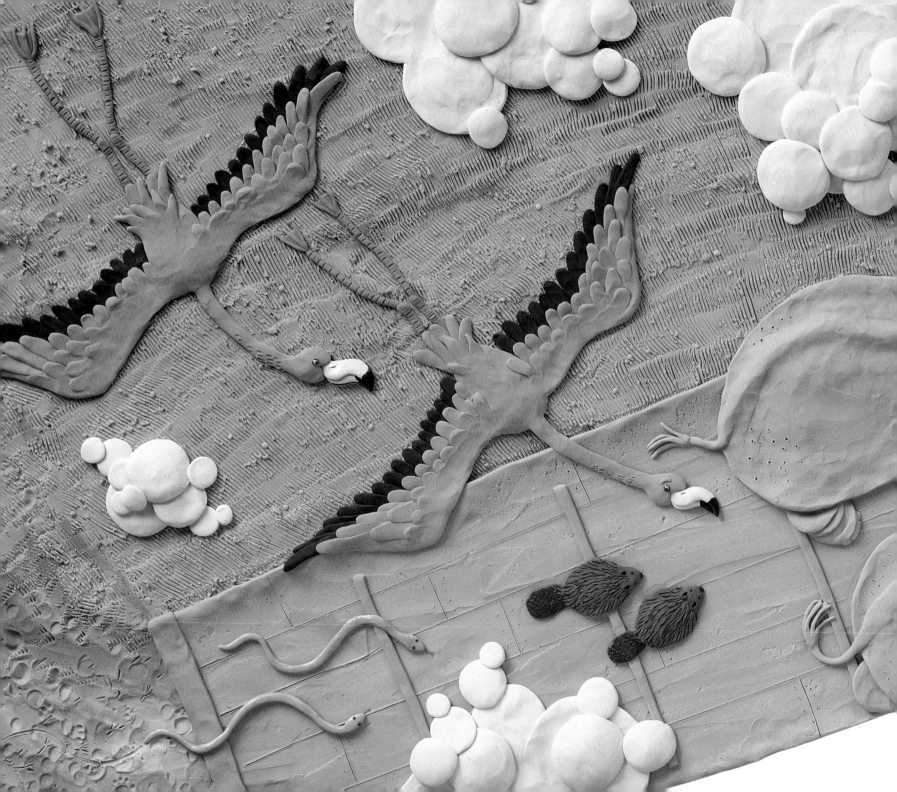

Les voici entrant par sept.

Une goutte de pluie tombe du ciel.

Puis huit par huit arrivent
les grands félins,
chacun veillant sur
sa compagne.

Et neuf par neuf,
entrent les animaux.
Attention au hérisson!

17

18   Lorsqu'ils entrent dix par dix,

les paresseux se faufilent à leur façon.

«*Tout le monde à bord!* crie Noé. *Fermez tout!*»
Et la pluie se met à tomber, drue, forte comme jamais auparavant. Il tombe tant d'eau du ciel que les grandes baleines nagent par-dessus les montagnes.

Il pleut ainsi pendant quarante jours et quarante nuits. Dans l'arche, ronflent les opossums.

Les boas voudraient bien s'étirer,
mais l'espace est trop restreint.

Un jour, enfin, la pluie cesse.

Les chauves-souris plissent les yeux

dans le premier rayon du soleil.

Noé dit au corbeau : «Va! Vole!
Trouve-nous un endroit bien sec!»

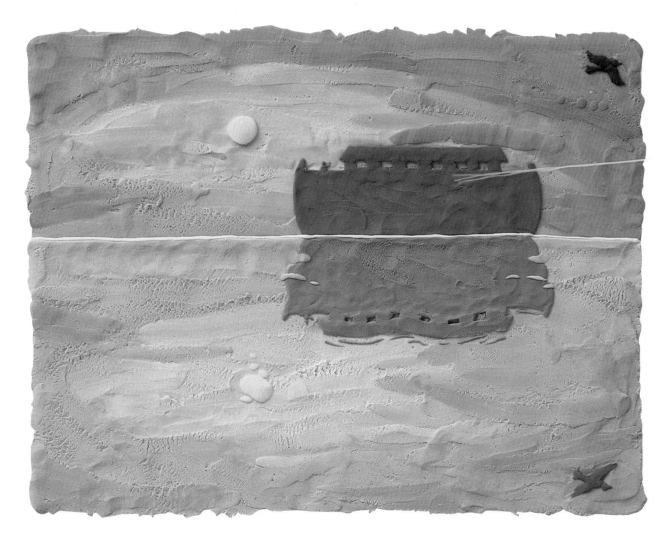

Sept jours s'écoulent. Pas de corbeau.
Noé envoie un autre oiseau.

La colombe revient, heureuse et
soulagée. «Regardez, regardez!
Un rameau d'olivier!
L'arche est sauvée.
Moi, je m'en vais construire mon nid.»

Noé remercie le ciel.
On descend les passerelles.

Dans un concert de glapissements, de cris et de caquètements, les animaux se ruent hors de l'arche.

27

Et pour bien faire comprendre qu'après la pluie vient
toujours le soleil, Dieu fait apparaître un arc-en-ciel.

Les jours et les saisons suivront maintenant leur cours.

Et Dieu dit aux hommes et aux animaux : «Allez en paix!».